Nenna von Merhart

L'art de la
PEINTURE
SUR BOIS

79 motifs traditionnels à reproduire

fleurus
idées

Editions Fleurus, 11, rue Duguay-Trouin, 75006 Paris.

SOMMAIRE

LA PEINTURE PAYSANNE AU FIL DU TEMPS

Voici quelques beaux meubles en peinture paysanne. Conservés dans des musées régionaux de France, d'Autriche, d'Allemagne, d'Europe de l'Est, ou appartenant à des collections privées, nous les avons regroupés pour le plaisir des amateurs de ce bel artisanat.

Chaque fois que cela nous a été possible, nous donnons une photographie du meuble en fin de volume.

Mais surtout nous donnons dans cet ouvrage de belles reproductions couleurs des motifs, accompagnées de plans quadrillés vous permettant de les reporter facilement sur le meuble que vous souhaitez peindre.

Nous avons regroupé les 79 motifs en quatre groupes, à l'intérieur desquels les difficultés techniques vont croissantes.

• *Motifs 1 à 21.* Des idées de décoration pour habiller des surfaces étroites : pans de meubles latéraux ou d'angle, dessus et pourtours de portes. Ce sont principalement des motifs floraux, formant des frises, festons et guirlandes.

• *Motifs 22 à 66.* De grandes compositions, idéales pour la décoration de grands panneaux, comme une porte d'armoire ou l'entablement d'une commode. Plus vous avancerez, plus les motifs exigeront adresse et maîtrise de la peinture : des compositions géométriques tout d'abord, puis de nombreuses compositions florales, sans perspective, avant d'aborder des formes plus délicates, où figurent des vases notamment.

• *Motifs 67 à 74.* Les peintres avertis trouveront dans un troisième ensemble des représentations d'animaux, là aussi sans perspective.

• *Motifs 75 à 79.* Les « maîtres », quant à eux, découvriront en fin d'ouvrage cinq exemples de scènes figuratives à travers lesquelles ils pourront laisser s'exprimer tout leur talent.

Parmi ces 79 modèles, vous trouverez certainement celui qui correspond le mieux au style du meuble à peindre et à votre talent.

Les origines de la peinture paysanne

L'histoire de cet artisanat est à mettre en relation avec celle de la marqueterie et de l'ébénisterie traditionnelles. L'apparition des meubles en peinture paysanne en Europe date du 16e siècle. La marqueterie (technique de décoration par incrustation de pièces de bois nobles) devenant trop coûteuse pour les populations rurales de cette époque, les artisans tentent d'imiter cette technique au moyen d'une peinture à la caséine, faite de fromage blanc frais et sec, de chaux, d'huile de lin et de pigments de couleurs.

Dans les premiers temps, les peintres décoraient les meubles de motifs géométriques qui rappelaient souvent la rigueur de la marqueterie : cercles, losanges, étoiles, rosaces sont très appréciés, à cause aussi de leur contenu symbolique datant du fond des âges.

Les décors floraux apparaissent au 17e siècle. Débordantes, généreuses, les fleurs feront éclater la rigidité des premiers motifs. Progressivement, et différemment suivant les régions, les motifs évoluent avec l'apparition d'éléments décoratifs nouveaux, comme les arabesques ornées de feuilles stylisées ou les rocailles d'inspiration baroque.

Le 18e siècle apporte un style plus pastoral : apparaissent des fleurs des champs et des montagnes locales (edelweiss, asters, myosotis), des animaux, et plus particulièrement des oiseaux. C'est aussi à cette époque que les scènes religieuses et les peintures de genre (scène de la vie quotidienne, de la vie des champs...) se répandent.

La peinture paysanne connaîtra peu à peu le déclin avec la Révolution Industrielle (vers 1830). Les meubles fabriqués en série supplantent peu à peu, pour des raisons évidentes, la pièce unique travaillée avec soin. Une tradition artisanale parmi tant d'autres disparaissait ainsi à l'aube du 20e siècle. Depuis quelques années, la peinture paysanne sur bois renaît sous la forme d'une activité de détente et de loisirs. Les amateurs montrent un engouement certain pour cette technique de décoration très raffinée.

Les motifs

Si vous en avez l'occasion, allez visiter le *Bayrische Nationalmuseum* de Munich ou le *Volkkunstmuseum* d'Innsbruck. Il existe aussi quelques lieux de conservation des arts et traditions populaires en Alsace (le Musée Alsacien de Colmar) pour vous faire une idée précise des motifs préférés des peintres sur bois des siècles derniers. Vous constaterez que les fleurs ont toujours occupé une place de choix dans les ornementations traditionnelles, et notamment la rose de Tölz, toute ronde. Symbole de l'amour, la rose était particulièrement prisée pour la décoration des coffres de trousseau offerts aux jeunes filles lors de leur mariage.

Fort appréciée également, la tulipe. Peinte en jaune ou en rouge, sa forme dépouillée s'harmonise parfaitement avec les roses, mais aussi avec les asters et les myosotis généralement peints en bleu ou en blanc. Il est intéressant de voir que, suivant les époques, la forme et la manière de représenter ces fleurs évoluent. Les œillets sont également fort appréciés.

Les fruits (grenade, raisin, baies sauvages) sont souvent présents aussi, au milieu d'un ensemble riche, composé d'arabesques et de formes généreuses. Riches en graines, porteurs de fertilité, ils symbolisent la vie.

Il est fréquent que, sur un même motif, des fleurs et des fruits de saisons différentes soient réunis en bouquet. Le vase, et surtout l'eau qu'il contient, sont eux aussi synonymes de fertilité et de vie. Ils renseignent également sur le style et l'époque du meuble. A côté des vases aux formes ventrues, et munis d'anses, on en trouve de plus classiques ou de plus sophistiqués comme ceux de l'époque du *Biedermeier* en Allemagne (correspondant à la Restauration en France).

Les rocailles, ces petits agréments décoratifs dont nous avons déjà parlé, sont fréquents dans la peinture paysanne. Dans le langage populaire, elles sont appelées « oreilles » (*Ohren* en allemand) car certaines en ont effectivement la forme. D'autres ressemblent plutôt à des coquillages. Leurs couleurs sont le blanc et l'ocre, les peintres jouant surtout sur les dégradés pour les styliser. On trouve également des représentations d'animaux domestiques ou du gibier. Sur certains meubles de la vallée d'Alpbach dans le Tyrol, des frises originales représentent des animaux peu communs pour l'époque, comme des éléphants, des lions, etc. Les artisans qui ont peint ces frises se sont probablement inspirés de gravures d'époque.

Autre sujet favori des peintres sur bois à partir du milieu du 18e siècle : les scènes de genre. Elles montrent des personnages en situation et apportent d'utiles renseignements sur les us et coutumes différents selon les époques.

Dans certains musées, vous verrez exposés de superbes meubles, et plus particulièrement des armoires, vraisemblablement peints par des peintres d'église, montrant des sujets religieux, inspirés de l'Ancien et du Nouveau Testament, ou des scènes des travaux des champs : labourage, semailles, récolte s'organisent sur les panneaux principaux du meuble, de manière à présenter le déroulement général de la vie de tous les jours. Ces armoires sont appelées « armoire du cours de l'année » (*Jahreszeitenkäste* en allemand).

Après ce rapide tour d'horizon des sujets représentés sur les meubles peints traditionnels, feuilletez cet ouvrage, imprégnez-vous du style varié des motifs. Ainsi, vous pourrez choisir plus aisément le motif le mieux adapté au style de votre meuble et au lieu dans lequel vous le placerez une fois terminé. Il va de soi que des meubles aux formes arrondies supporteront des motifs riches, chargés, alors qu'un mobilier plus sobre exigera une décoration plus légère.

Ne pensez pas uniquement à la décoration des panneaux principaux d'une armoire ou d'un coffre : prévoyez aussi celle des panneaux latéraux ou biaisés et des petites surfaces comme le socle, la corniche, etc. Ainsi, votre meuble conservera une certaine unité artistique. Bien sûr, ne bridez pas votre fantaisie, laissez-la s'exprimer pour enrichir votre motif de base, lui imprimer une note plus personnelle.

Le choix des motifs dépend aussi de votre savoir-faire en peinture. Inutile de vous lancer dans une décoration que, techniquement, vous ne serez pas en mesure de mener à bien. Si vous manquez encore d'expérience dans la manipulation du pinceau, exercez-vous, faites des esquisses sur papier, et optez pour la simplicité. Il serait dommage de gâcher un meuble de style par manque d'appréciation du travail envisagé.

L'emploi des plans, le report des motifs

La photocopieuse est un des moyens de reproduire les motifs proposés dans cet ouvrage. Par agrandissements ou réductions successifs, vous trouverez toujours pour un motif la taille la mieux adaptée à la surface que vous voulez peindre. La méthode de mise aux carreaux permet, simplement en changeant l'échelle du quadrillage, de réduire ou d'agrandir les dessins. Le report au calque est également un bon moyen de transposer un motif du livre sur du papier. Maintenant que vous avez votre motif sur une feuille de papier, placez entre elle et le meuble une feuille de carbone ou de papier graphité.
Un conseil : utilisez le carbone sur les meubles vernis et le papier graphité sur le mobilier non vernis. Lorsque le fond de votre surface est sombre, le papier de couturière est pratique.

Utilisez de préférence un crayon tendre pour tracer les contours du motif sur votre meuble. Il va falloir à présent vous lancer dans le travail de peinture proprement dit. Les photos sont là pour vous aider à choisir des tons, des harmonies, à la manière des peintres d'autrefois.

Un style de représentation original

La peinture paysanne a toujours été imprégnée d'un certain style naïf. Jusqu'au 18e siècle où apparaît une manière plus naturaliste de peindre, les peintres ne cherchaient pas à reproduire fidèlement la réalité des choses. Il n'est pas rare de voir des objets de tailles différentes peints l'un à côté de l'autre, comme par exemple un cerf en plein saut à côté d'une tulipe presqu'aussi grande que lui.
L'absence de perspective dans la plupart des dessins est une notion importante de ce genre de peinture, plus décorative et esthétique que technique.

D'une manière générale donc, l'artiste nourrit la réalité de son imagination propre. Il marque ainsi chaque réalisation de sa touche personnelle.

Chose amusante : vous remarquerez des tulipes avec des feuilles de rose ou d'autres associations tout aussi inattendues.

Ce qui intéressait ces décorateurs avant tout, c'était la composition du motif, sa bonne occupation de l'espace consacré à la peinture.

Remarquez comme les vases accompagnant les motifs floraux auraient du mal à tenir debout dans la réalité : ils sont, dans le contexte de la peinture paysanne, un élément « graphique » pourrait-on dire, qui sert de base à la construction de l'ensemble du motif. Les fleurs semblent jaillir du vase qui représente le point d'équilibre essentiel, mais elles sont cependant disposées proprement, elles se croisent rarement. De même, les feuilles, les rinceaux, les arabesques viennent habiller un endroit inoccupé du motif.

Ainsi, dans les compositions typiques de la peinture paysanne, les espaces libres sont rares, minimes. Il a été dit que l'art populaire avait peur du vide : c'est totalement vrai pour la peinture paysanne.

La préparation du meuble

Avant de peindre, examinez votre meuble en vous posant quelques questions : y a-t-il des défauts de fabrication ? Le bois est-il sain ? Ne manque-t-il pas certaines parties du meuble, des moulures ou des ferrures par exemple ? Les charnières fonctionnent-elles ? S'il s'agit d'une commode, les tiroirs coulissent-ils ? Le couvercle de votre coffre ferme-t-il sans bâiller ?

Dans la mesure de vos moyens, remettez le meuble en état avant de le nettoyer et de le peindre. Cela nécessitera parfois l'intervention d'un ébéniste.

Il est important de nettoyer toutes les surfaces avant d'entreprendre une décoration à la peinture. La préparation varie suivant l'état initial du meuble.

Le bois brut doit tout au plus être dégraissé (avec un mélange : ammmoniaque 1/eau 100). Dans le cas d'un meuble ancien vernis, lessivez à l'éponge ou à la brosse (avec un mélange : ammoniaque 10/eau 100).

Si votre meuble est recouvert de plusieurs couches de peinture ou de vernis, procurez-vous un décapant (chez les droguistes). Manipulez ce produit avec précaution car il dégage des effluves nocives et est très corrosif. Travaillez autant que possible à l'air libre, éloignez les enfants et les animaux domestiques.

Le décapant s'applique par petites surfaces car son temps d'action est court. Il faut travailler vite. Lorsque la peinture commence à se gondoler et à se craqueler, grattez avec une spatule et une brosse (pour les endroits difficilement accessibles) puis nettoyez parfaitement le meuble avec de l'essence de térébenthine.

Pensez aussi à reboucher les endroits abîmés par accident ou à cause des parasites : utilisez pour cela un enduit approprié (type bouche-pores). Quel que soit l'état de votre meuble à l'origine, le nettoyage et la préparation des surfaces à décorer seront déterminantes quant à la qualité du résultat final.

Aussi est-il souvent nécessaire de recourir à un ponçage, soit pour éliminer les résidus de l'enduit de rebouchage, soit pour enlever les fibres du bois qui se sont redressées lors des traitements préliminaires.

Plus vous souhaitez une peinture fine et soignée, plus votre ponçage devra être réussi.

UN UNIVERS DE FORMES ET DE COULEURS

Les coloris de la peinture paysanne

La peinture paysanne a ses critères propres dans ce domaine.

Au début, les peintres sur bois utilisaient presqu'exclusivement les couleurs chères aux charpentiers et aux ébénistes : le noir, le blanc et le rouge. Le bleu et le vert apparaissent ensuite. L'époque rococo apporte des tons plus légers : le vert vif, le rose tendre, le « bleu paysan » (voir cette couleur sur les modèles 35 et 48, par exemple).

Essayez tant que possible de respecter ces tons, car vous vous risqueriez beaucoup en peignant une moulure en violet ou en orange.

L'association des couleurs

Un principe de base veut que l'on ne marie jamais plus de trois ou quatre tons ensemble. Ceci dit, en ajoutant du blanc pour atténuer, du gris ou du marron pour assombrir, vous pourrez jouer sur les dégradés et parvenir à un rendu tout en nuances.

Pour composer vos couleurs, commencez bien sûr par le ton de base. Déterminez l'importance de chaque élément : souhaitez-vous mettre en avant la couleur du fond ou plutôt jouer sur le contraste entre un fond discret et un motif très vif ? Prenons un exemple de recherche de couleur. Vous voulez trouver un joli ton proche de la Terre de Sienne ou d'une teinte rouille. Posez

de la peinture marron sur votre palette puis ajoutez progressivement du rouge vif, jusqu'à ce que vous soyez satisfait de la nuance apportée au coloris de base. Si par hasard il était trop rouge, corrigez-le avec une touche de la couleur complémentaire (le vert dans notre exemple). Pour le « bleu paysan » si typique : un ton de base bleu-vert, une touche de blanc et de vert pour l'atténuer. Un bleu turquoise passé directement sur le bois patiné à la cire donne aussi des résultats intéressants. Ce ton convient généralement pour un fond.

La préparation des couleurs

Actuellement, vous trouverez dans le commerce deux types de peinture adaptés au bois : l'huile et l'acrylique. Mais voici une recette de peinture à la caséine, proche de celle utilisée par les peintres sur bois jusqu'au 18e siècle. Les ingrédients sont : du fromage blanc, frais et sec, un peu d'ammoniaque et des pigments de couleurs (couleurs en poudre faites à base d'extraits minéraux ou végétaux).

Pour le fromage blanc sec, tapissez une passoire d'un torchon. Posez le fromage au fond. Par-dessus, posez une planche alourdie d'un poids. Placez la passoire sur un récipient qui recueillera le petit-lait. Placez ensuite le fromage dans un bol puis versez prudemment l'ammoniaque. Votre mélange doit être crémeux et homogène. Entre-temps, les pigments de couleurs auront reposé dans un peu d'eau. Mélangez bien puis ajoutez cette préparation au fromage blanc en remuant constamment.

La peinture à la caséine est surtout appropriée pour de larges surfaces. Si, préparée ainsi, elle est un peu gluante et ne « couvre » pas aussi bien que celle que vous trouverez dans le commerce, elle permet de trouver des teintes toujours personnelles, ce qui n'est pas sans charme.

Les techniques de peinture sur bois

Les techniques de peinture varient selon le support sur lequel vous allez travailler : bois naturel, fond de couleur préalablement appliqué, bois teint, fond pâteux travaillé en épaisseur.

Application d'un fond de couleur

Avant de commencer à peindre, de nombreux peintres sur bois enduisent leur meuble de colle de pâte. Cette matière épaisse permet d'obtenir des effets de relief intéressants par grattage au peigne ou avec un outil fin. Les couleurs travaillées de cette manière en épaisseur venaient s'ajouter à la décoration plus classique réalisée au pinceau. Pour le fond nous vous recommandons de passer deux couches de peinture afin de couvrir parfaitement votre support. Prévoyez dès le départ une quantité suffisante de peinture pour les deux couches, car il est difficile de retrouver deux fois de suite un ton identique. Pensez à protéger votre local et vous-même des éclaboussures provoquées par ce travail de peinture en larges surfaces.

Peinture sur bois naturel

La surface du bois brut présente toujours de minuscules filaments qui empêchent une répartition régulière de la peinture. Poncez au préalable les parties du meuble à décorer avec du papier de verre moyen puis de plus en plus fin pour avoir des surfaces impeccables. Vous pourrez peindre ensuite : plus vos surfaces seront lisses, plus votre travail sera réussi.

Peinture sur bois teint

Si le bois vous semble trop clair, ou simplement par souci d'authenticité, vous pouvez en forcer le ton avec de la teinture diluée à l'alcool ou à l'eau. Pour arriver à la teinte précise que vous recherchez, faites des essais sur une partie non visible (à l'intérieur du meuble, par exemple).

Le bois doit avoir parfaitement absorbé la teinture avant que vous ne commenciez à peindre. Certains peintres appliquent une couche de vernis avant de passer à la peinture proprement dite : leur travail s'en trouve facilité, car le vernis donne des surfaces très régulières et il est plus aisé de corriger un motif sur un vernis que sur le bois teint.

Peinture sur un fond de couleur

Choisissez votre coloris de base pour le corps du meuble : marron, bleu, vert sont les couleurs de fond les plus courantes.

Les panneaux qui seront décorés par un motif sont peints en blanc ou blanc cassé. Pour les fonds de couleur, nous vous conseillons l'acrylique, qui est de loin le matériau le plus pratique actuellement : moins onéreuse que l'huile, elle offre une palette de tons très large. L'acrylique donne aussi des fonds très lisses, ce qui n'est pas négligeable.

La difficulté de ce travail est de bien harmoniser la couleur du corps du meuble avec les valeurs dominantes des motifs.

Peinture à la colle de pâte

Cette technique a été largement utilisée pour la décoration des meubles ruraux traditionnels. Si vous visitez un musée d'art populaire, vous vous demanderez sûrement comment les effets de rayures, d'arabesques ou d'autres motifs en relief, ont pu être obtenus. Ce travail sur fond pâteux n'est pas très compliqué et offre de vastes possibilités décoratives. Cependant, il vous faudra préparer vous-même cette matière qu'on ne trouve plus dans le commerce. En voici la recette.

Délayez 4 cuillerées de farine de blé ou de seigle dans de l'eau froide, versez 1 litre d'eau bouillante dessus. Portez le tout à ébullition. Délayez avec de l'eau froide (mélange 50/50) puis passez cette pâte en une ou deux couches, comme pour un fond de couleur. Laissez sécher.

Dessin 1 : un coup de pinceau typique de la peinture paysanne : large au début, le trait va en s'amincissant progressivement.

Dessin 2 : tracé en arrondi, pouvant servir à représenter les feuilles d'une fleur.

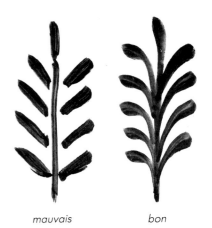

mauvais   bon

Dessins 3 et 4 : là aussi, le passage du trait épais au trait fin se fait tout en arrondi, de façon à obtenir une tige feuillue souple, légère.

mauvais

bon

Dessins 5 et 6 : esquisses pour une rose : le pinceau délimite tout d'abord la forme de la fleur puis, partant de ce contour, il termine sa course délicatement arrondie en pointes légères vers le centre.

Dessins 7 et 8 : deux manières de peindre des pétales de rose. Dans les deux cas, un nombre impair de pétales a été dessiné.

Dans le même temps, préparez vos pigments de couleur avec un peu d'eau froide puis mélangez-les avec de la colle de pâte (mélange 50/50). Vous obtiendrez une pâte épaisse, crémeuse.

La principale difficulté est qu'il faut travailler vite avec la colle de pâte, avant qu'elle ne sèche. Dès qu'elle est prête, prenez un pinceau brosse, un peigne, une éponge (ou une brosse à dents, pourquoi pas !). La pâte doit avoir une consistance telle que les traces laissées par les outils se voient parfaitement, parfois jusqu'au bois d'origine. Cette technique assez particulière nécessitera là encore des essais, entraînez-vous sur une planche bien poncée avant de vous lancer pour de bon.

Les pinceaux

Les pinceaux ont une importance capitale dans le succès de vos décorations. Le commerce en offre une telle variété qu'il est parfois difficile de choisir celui qui conviendra au genre de peinture et au matériau que vous voulez utiliser.

Vous aurez besoin de gros pinceaux pour les fonds. Leur largeur dépendra de la taille de la surface à couvrir. Les brosses sont très pratiques pour cette partie du travail. Trois devraient suffire, dont une, très fine (1 cm de large), pour les angles et les arêtes du meuble. Pour la décoration fine, la règle de base est la même que pour les fonds : la taille du pinceau est fonction de la grosseur des motifs. En général, les pinceaux nos 4, 6, 8 et 10 conviennent.
Les meilleurs pinceaux sont ceux en poils de martre. Les pinceaux à poils synthétiques n'atteignent jamais la qualité de ceux en poils de martre ou en soie de porc naturelle.

Les bons pinceaux coûtent assez cher, aussi est-il préférable de les entretenir soigneusement. Lavez-les après chaque usage pour éliminer les restes de peinture qui, une fois secs, rendent le pinceau inutilisable. Ne laissez jamais un pinceau à tremper dans un pot, les poils écrasés contre le fond, car vous ne pourrez pas les redresser. Prévoyez également une palette, quelques boîtes à conserves vides pour faire vos mélanges de peinture en quantité lorsque c'est nécessaire (pour un fond, par exemple), une baguette en bois pour le même emploi, un diluant pour la peinture à l'huile et pour nettoyer les pinceaux. Et un grand tablier, c'est plus prudent pour vos vêtements.

Importance du coup de pinceau

Dans l'art de la peinture paysanne, le coup de pinceau est également très important. Il varie en fonction de l'effet recherché : traits nets, arrondis, ornements géométriques, mais aussi en fonction de la technique utilisée (« mouillé sur mouillé » ou « à sec »).
Pour la décoration fine, l'huile et l'acrylique sont les plus pratiques car, contrairement à la caséine, elles garantissent un trait parfait.
Nous vous proposons quelques exercices qui devraient vous aider à manipuler le pinceau avec aisance.

Dessin 1 : trempez votre pinceau dans la peinture légèrement diluée à l'eau. Commencez en appuyant sur le pinceau pour que les poils s'écartent, puis soulevez progressivement pour diminuer la pression : le trait se rétrécit peu à peu.

Dessin 2 : entraînez-vous maintenant à peindre des courbes.

Dessin 3 : l'association des deux types de traits donne par exemple une tige ornée de feuilles. Si celle de gauche paraît maladroite, celle de droite, plus coulée, peut être utilisée pour un motif.

Comparez également les dessins 5 et 6 : comme le cercle du haut semble figé par rapport à celui du bas, plus arrondi. Cet exercice constitue le premier pas vers l'élaboration d'une rose de Tölz. A l'une des extrémités du cercle ou de l'ovale, peignez un bouton de rose d'où partiront tous vos traits intérieurs. Le résultat est bien meilleur lorsque tous les tracés semblent liés.

Les pétales de rose peuvent se réaliser comme sur les dessins 7 et 8, sachant qu'un nombre impair de pétales permet d'obtenir une symétrie et donc une fleur équilibrée. Vous pouvez maintenant combiner ces trois éléments : tige feuillue, rose et pétales. Les dessins 9 et 10 montrent comment peindre une tulipe à partir d'un cercle.

De même pour les œillets dont le tracé est simple (dessins 11 et 12). Le dessin 13 correspond à l'aster : partez là aussi d'un cercle, divisé en cinq parties égales. L'extrémité des pétales se situe à l'intersection des cinq segments avec le cercle. Procédez de même pour les myosotis.

Deux manières de peindre

Quelle technique employer pour peindre les motifs : la peinture « mouillé sur mouillé » ou « à sec » ?

Les dessins 14 et 16 montrent deux exemples de peinture « mouillé sur mouillé » : les contours des motifs sont doux, on sent nettement les coups de pinceau, les tons se fondent les uns dans les autres.

Les dessins 15 et 17 paraissent plus figés : c'est la peinture à sec ; chaque couleur est posée séparément, après séchage complet de la précédente. Cette technique convient pour des motifs aux tracés précis, proches du dessin.

La technique « mouillé sur mouillé » demande une meilleure connaissance du mélange des couleurs pour réussir des motifs expressifs, tout en dégradés.

Comparons maintenant les dessins 16 et 17, montrant une tulipe réalisée d'après les deux techniques.

Dessin 16 : la tulipe est tout d'abord peinte en jaune. Le rouge, appliqué par-dessus avant que le jaune soit sec, se fond dans la première couleur par des coups de pinceau dirigés vers le bas de la fleur.

Dessin 17 : la tulipe est peinte en jaune également au départ mais les détails peints en rouge et en blanc, bien délimités, se superposent après que le jaune a séché.

Un conseil : contentez-vous d'une seule technique pour un même motif, car l'association des deux est rarement heureuse. Pour vous aider à choisir celle qui vous conviendra le mieux, feuilletez cet ouvrage, les exemples de motifs vous aideront dans ce sens.

La patine

Avant d'opter pour un matériau précis (caséine, huile ou acrylique) décidez tout d'abord si, en fin de parcours, vous voulez patiner votre meuble ou non. En effet, la patine, tout en donnant du cachet à votre meuble, influe sur l'éclat des couleurs. Sans patine, vos coloris de départ ne changeront pas. Avec patine, ils seront atténués : utilisez donc des couleurs lumineuses.

La patine s'applique sur peinture sèche. Vous la trouverez dans le commerce, mais le cirage ou la cire feront aussi bien l'affaire tout en étant moins chers et plus simples d'entretien (on peut polir ces deux produits, pas la patine). Là encore, faites des essais.

Avant de vous lancer...

En suivant les conseils de cet ouvrage, vous avez toutes les chances de réussir vos meubles peints à la manière des peintres d'autrefois. Après avoir peiné pour mener à bien une si vaste entreprise, vous serez certainement récompensé de vos soins et de votre patience par les résultats souvent spectaculaires auxquels vous aurez abouti.

Et le regard admiratif de vos amis vous fera sans doute chaud au cœur !

Dessins 9 et 10 : un moyen simple de peindre une tulipe à partir d'un cercle.

Dessins 11 et 12 : partir d'un cercle est également un bon moyen pour retrouver la forme générale des œillets.

Dessin 13 : un cercle divisé en 5 segments pour dessiner une aster.

Pour plus de précisions quant à l'historique et à la technique de la peinture paysanne, deux ouvrages à consulter, parus aux Éditions Fleurus :
Peinture paysanne pour tous, de Senta Ramos, collection Savoir Créer ;
Le bois peint, de Jane Pécheur-Gilad, collection Savoir Créer.

Dessins 14 et 15 : les pétales de rose sur le dessin 14 (technique « mouillé sur mouillé ») semblent souples, déliées, alors qu'elles sont plus rigides (mais tout aussi décoratives) sur le dessin 15 (technique « à sec »). Chacune ayant son style propre, évitez de combiner les deux techniques.

Dessins 16 et 17 : même constat pour ces deux tulipes que pour les roses précédentes. Dessin 16 : technique « mouillé sur mouillé ». Dessin 17 : technique « à sec ».

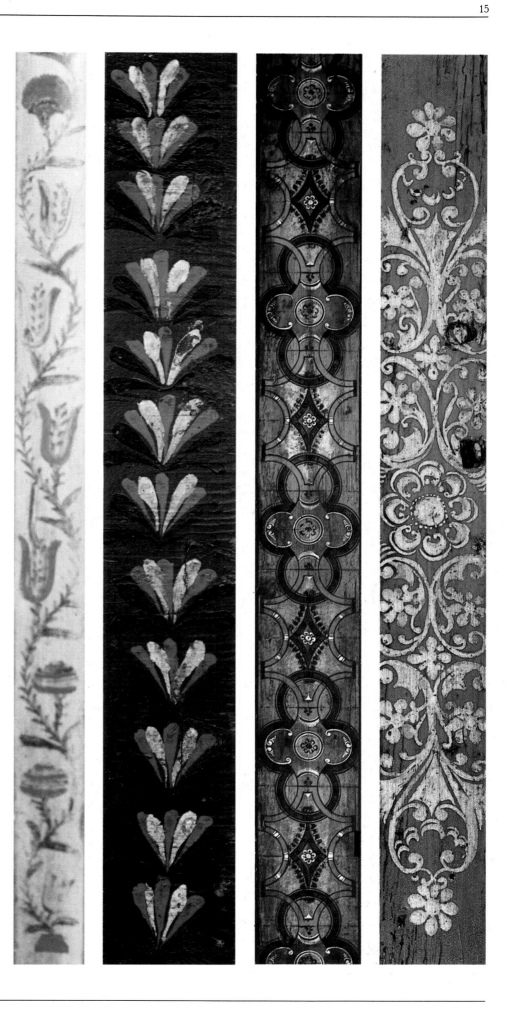

7

13

14

15
16
17

21

23

26

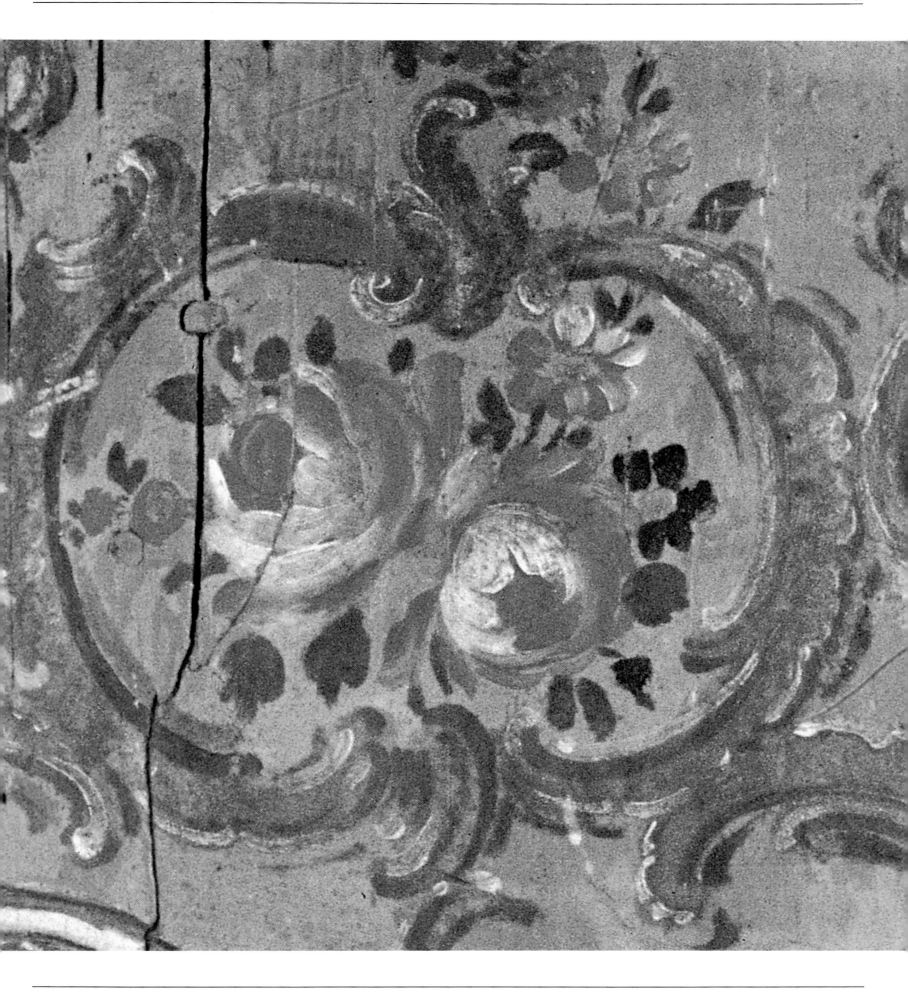

28

31

3

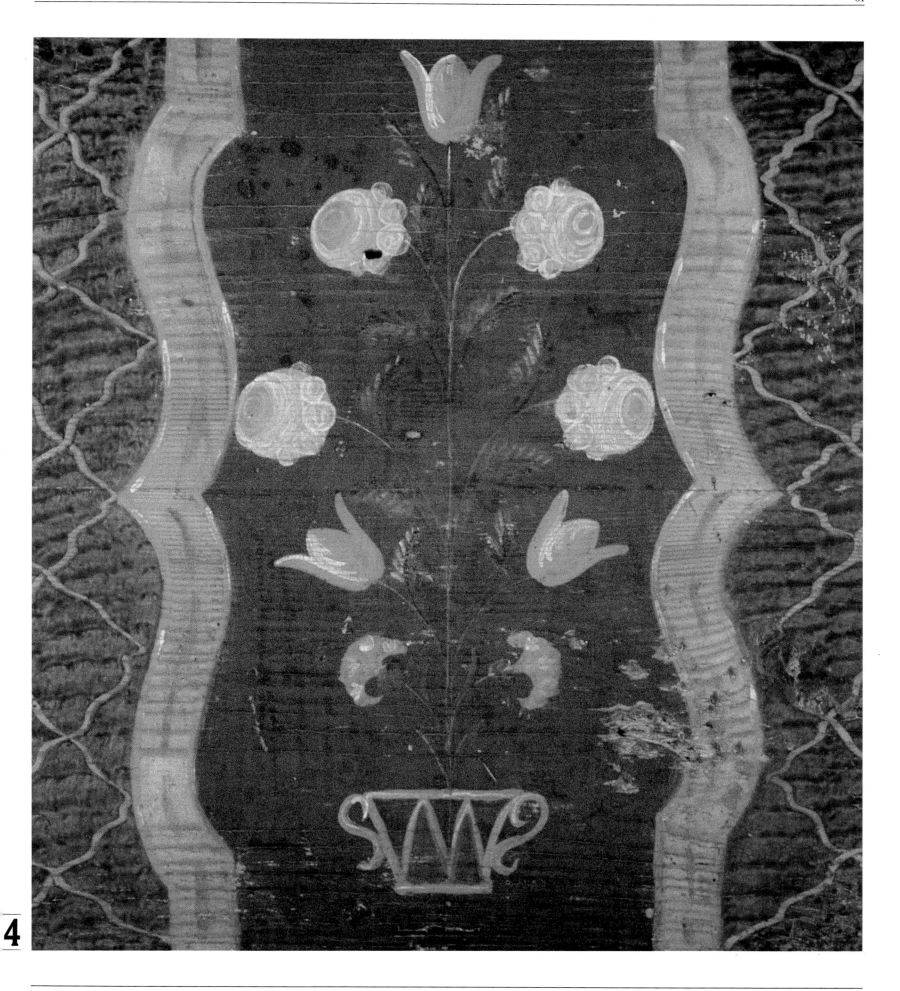

4

35

3

39

40

41

43

44

46

4

8

49

50

51

2

55

56

5'

5

59

60

61

62

63

65

68

70

78

Bei liebe Jagt und Spiel,
Giebt es vergnügen viel.

Sei liebe Jagt und Spiel,
Giebt es vergnügen viel.

79

150

1 A gauche, détail d'un motif vertical d'une porte d'armoire, Trubachtal/Franconie/R.F.A. Collection privée, Forchheim.

2 Bordure droite de la partie frontale d'un coffre, région de Calata, près de Klausenburg/Transylvanie/Roumanie. Datée de 1817 (cf. meuble n° 44). Musée ethnographique, Budapest.

3 Panneau latéral droit d'une armoire, Alpbachtal/Tyrol/ Autriche. Datée de 1773 (cf. meuble n° 39). Tiroler Volkskunst-Museum, Innsbruck.

4 Partie centrale du socle d'un coffre, Alpbachtal/Tyrol/ Autriche. Daté de 1780. Tiroler Volkskunst-Museum, Innsbruck.

6 Panneau central d'une armoire à porte unique, région de Neumarkt/Haut-Palatinat. Datée de 1813 (cf. meubles nᵒˢ 11 et 52). Stadtmuseum, Neumarkt.

7 Détail de la partie haute d'un lit à baldaquin, composée de quatre panneaux. Obermodern/Alsace/France. Datée d'environ 1790-1820. Collection privée, Hagenau.

*8 Détail du panneau supérieur droit d'une armoire à deux portes, Isarwinkel. Datée de 1778.
Collection privée.*

*9 Panneau inférieur gauche d'une armoire à deux portes, Isarwinkel. Datée de 1779.
Collection privée.*

*10 Détail du panneau d'angle supérieur gauche d'une armoire à deux portes, Isarwinkel. Datée de 1814.
Collection privée.*

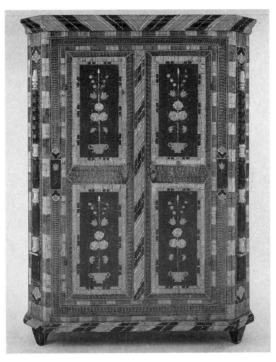

*12 Panneau frontal d'un lit à baldaquin. Tölz/Haute-Bavière. Daté d'environ 1820-1830.
Heimatmuseum, Bad Tölz.*

*13 Panneau inférieur droit d'une porte d'amoire, Rottal/Basse-Bavière. Datée de 1810.
Collection privée, Landau.*

*15 Détail du panneau d'angle supérieur droit d'une armoire dite ''armoire à oiseaux'' (Vogelschrank en allemand), Weidenberg/Franconie (cf. meuble n° 71).
Collection privée, Weidenberg.*

16 Détail en haut à droite d'un buffet, Simmental/Suisse. Daté de 1787. Musée historique, Berne.

17 Détail du panneau frontal d'un lit, Egerland/Tchécoslovaquie. Daté de 1824. Germanisches Nationalmuseum, Nüremberg.

18 Détail du panneau d'angle gauche d'une armoire à deux portes, Aibling/Haute-Bavière. Datée de 1833 (cf. meuble n° 28). Bayrisches Nationalmuseum, Munich.

19 Détail du panneau d'angle gauche et
20 détail de rocailles du panneau supérieur droit d'une porte d'armoire, Leitzachtal/Haute-Bavière. Datée de 1778. Bayrisches Nationalmuseum, Munich.

21 Panneau supérieur droit d'une armoire, Zillertal/Autriche. Datée de 1800. Tiroler Volskunst-Museum, Innsbruck.

22, 23 Détails du panneau frontal d'un lit à baldaquin, atelier de Tölz/Haute-Bavière. Daté d'environ 1810-1820. Bayrisches Nationalmuseum, Munich.

25 Détail d'un coffre à provisions, région de Presbourg/Tchécoslovaquie. Daté de 1827.
Musée Narodni, Prague.

26 Détails des tiroirs supérieurs d'une commode, Gausdal/Norvège. Datée d'environ 1760-1790.
Norsk Folkemuseum, Bygdoy-Oslo.

27 Détail du panneau supérieur droit d'une porte d'armoire, Baden. Datée de la fin du 18ᵉ s.
Badisches Landesmuseum, Karlsruhe.

29 Panneau gauche d'un front de coffre, région du Hausruck/Autriche. Daté de la 1ʳᵉ moitié du 18ᵉ s. Heimatmuseum Schärding/Haute-Autriche.

30 Panneau frontal droit d'un coffre, Sarntal/Tyrol du Sud/Italie. Daté de 1785. Tiroler Volkskunst-Museum, Innsbruck.

31 Panneau frontal droit d'un coffre, Bindering bei Ortenburg/Basse-Bavière. Daté de 1724.
Collection privée, Ortenburg.

32 *Panneau inférieur droit de la porte d'un lit clos, région de Ortenburg/Basse-Bavière. Daté d'environ 1800. Oberhausmuseum, Passau.*

33 *Panneau frontal droit d'un coffre, Vornbach/Basse-Bavière, daté de 1726. Stadtmuseum, Regensburg.*

34 *Panneau frontal droit d'un coffre, région de Pocking/Basse-Bavière. Collection privée, Landau.*

35 *Détail supérieur gauche du panneau d'angle d'une armoire à deux portes. Région de Pegnitz/Haute-Franconie. Datée de 1801. Collection privée, Bayreuth.*

36 *Panneau supérieur d'une armoire à porte unique, région d'Obernai/Alsace/France. Datée de 1834. Musée Alsacien, Strasbourg.*

37 *Panneau central gauche de la partie frontale d'un coffre, Ludwigsstadt/Haute-Franconie. Daté du 18ᵉ s. Collection privée, Ludwigsstadt.*

38   Panneau supérieur d'une armoire à porte unique, Alp-
bachtal/Tyrol/Autriche. Daté du 18e s.
Tiroler Volkskunst-Museum, Innsbruck.

45   Panneau inférieur de la porte droite d'une armoire, Isarwinkel. Datée de la fin du 18e s.
Collection privée.

46   Panneau frontal droit d'un coffre, région de Klausen-
burg/Transylvanie/Roumanie. Daté de 1768.
Musée ethnographique, Budapest.

48   Panneau inférieur droit de la partie frontale d'un lit à
baldaquin, Mistelgau/Haute-Franconie. Daté de 1869.
Collection privée, Mistelgau.

51   Panneau supérieur gauche d'une armoire à deux portes,
Pustertal/Tyrol du Sud/Italie. Datée de 1792.
Tiroler Volkskunst-Museum, Innsbruck.

53   Panneau frontal gauche d'un coffre, monts des Géants/
Silésie/Pologne. Daté d'environ 1800.
Germanisches Nationalmuseum, Nüremberg.

156

54 *Panneau supérieur gauche d'une armoire à deux portes, Zillertal/Tyrol/Autriche. Datée de 1766. Collection privée.*

55 *Panneau inférieur gauche d'une armoire à deux portes, Tölz/Haute-Bavière, datée de 1821. Heimatmuseum, Bad Tölz.*

56 *Panneau supérieur d'une prote de pièce commune, région de Kronsdorf/Haute-Autriche. Datée d'environ 1790. Oberösterreichisches Landesmuseum, Linz.*

57 *Détail frontal droit d'un coffre, Sud-ouest de la Slovaquie. Daté de la 1re moitié du 19e s. (cf. meuble n° 75). Musée Narodni, Prague.*

58 *Panneau supérieur gauche d'une armoire à deux portes, Ramsau/Styrie/Autriche. Datée de 1811. Steirisches Volkskunst-Museum, Innsbruck.*

59 *Panneau d'une porte d'armoires à lingerie, Lenggries/Haute-Bavière, fin 19e s. Heimatmuseum, Bad Tölz.*

61 Panneau supérieur gauche d'une armoire à deux portes, Ramsau/Styrie/Autriche. Datée de 1811.
Steirisches Volkskunstmuseum, Graz.

63 Détail d'un pied de lit, Leitzachtal/Haute-Bavière. Daté de 1813.
Bayerisches Nationalmuseum, Munich.

67 Détail inférieur droit d'un panneau d'angle d'une armoire à deux portes, Esbach bei Coburg/Haute-Franconie. Datée de 1801.
Collection Eva Herold, Coburg.

68 Détail d'un panneau de porte d'armoire, Bohême du Nord-est/Tchécoslovaquie. Datée de la 1re moitié du 19e s.
Musée Narodni, Prague.

69 Panneau frontal droit d'un coffre, Komorn/Hongrie. Daté du 19e s.
Musée ethnographique, Budapest.

70 Panneau supérieur gauche d'une armoire à deux portes, région de Arnstorf/Basse-Bavière.
Collection privée.

74 Panneau frontal (au centre à gauche) d'un coffre, Hallingdal/Norvège. Daté de 1844.
Norsk Folkemuseum, Oslo.

76 Partie supérieure d'un motif d'une armoire à porte unique. Peinture de Johann Michael Röbler. Untermünkheim/Würtemberg. Datée de 1835.
Badisches Landesmuseum, Karlsruhe.

5 Détail d'un ''Strohstüehl'' (hache-paille), Alsace/France. Daté de 1842.
Musée Alsacien, Strasbourg.

11 Détail d'un panneau d'angle inférieur gauche d'une armoire (cf. meubles nᵒˢ 6 et 52).

14 Détail d'une armoire, Bohème du Nord-est/Tchécoslovaquie. Datée de la 1ʳᵉ moitié du 19ᵉ s.
Musée Narodni, Prague.

24 Détail d'un coffre, Alsace/France. Daté de 1847. Musée Alsacien, Strasbourg.

28 Détail d'une corniche d'armoire (cf. meuble nᵒ 18).

39 Panneau supérieur de la porte droite d'une armoire (cf. meuble nᵒ 3).

40 Détail d'un plafond d'église, peinture de Löring Umling père, Muerau/Transylvanie/Roumanie. Daté de 1746.
Musée ethnographique, Budapest.

41 Couvercle d'un coffre, Suisse allemande. Daté de la 2ᵉ moitié du 17ᵉ s.
Historisches Museum, Bâle.

42 Détail d'un coffre, Neral/Norvège. Daté de 1808. Norsk Folkemuseum. Bydgoy-Oslo.

43 Détail de la partie frontale d'un lit, Franconie. Daté de 1852.
Collection privée.

44 Panneau frontal droit d'un coffre (cf. meuble nᵒ 2).

47 Panneau inférieur d'une armoire à porte unique, Franconie. Datée du milieu du 19ᵉ s.
Collection privée.

49 Panneau supérieur droit d'une armoire àdeux portes, Haut-Palatinat. Datée de 1843.
Oberpfälzer Freilandmuseum, Neusath-Perschen.

50 Panneau supérieur d'une porte d'armoire, Haut-Palatinat. Datée de 1838.
Collection privée.

56 Panneau supérieur d'une porte de pièce commune, région de Kronsdorf/Haute-Autriche. Datée d'environ 1790.
Oberösterreichisches Landesmuseum, Linz.

60 Détail du panneau d'angle d'un petit meuble suspendu, Al/Norvège. Daté de la 1ʳᵉ moitié du 19ᵉ s.
Drammens Museum, Drammen.

62 ''Stubentafel'' (panneau décoratif pour pièce commune), Forêt-Noire. Daté de la 1ʳᵉ moitié du 19ᵉ s.
Augustiner Museum, Fribourg.

64 Détail d'un pied de lit, région de Hebertsfelden/Basse-Bavière.
Collection privée.

65 Horloge de mariage vernie, Forêt-Noire. Datée d'environ 1830.
Deutsches Uhrenmuseum, Furtwangen.

66 Panneau frontal d'une horloge en bois, Appenzell/Suisse. Datée de 1839.
Collection privée.

71 Détail d'un panneau latéral d'une armoire à prote unique (cf. meuble nᵒ 15).

72, 73 Détails de ''hottes de fiancée'', Alpbachtal/Tyrol/Autriche. Datées du 19ᵉ s.
Tiroler Volkskunst-Museum, Innsbruck.

75 Panneau central du front d'un coffre (cf. meuble nᵒ 57).

77 Boîte en copeaux, peinte vers 1800/Thuringe.
Collection privée.

78 Panneau de porte d'une armoire ''d'alpage'' Egerland/Tchécoslovaquie. Datée d'environ 1790.
Osterreichisches Museum für Volkskunde, Vienne.

79 Boîte en copeaux, peinte vers 1830 environ. Altonaer Museum, Hambourg.

BEAUX-ARTS - ARTS DÉCORATIFS
DANS LE CATALOGUE FLEURUS IDÉES

CRÉDITS PHOTOGRAPHIQUES

C = couleur. NB = noir et blanc.

Nous précisons (C) ou (NB) lorsque le cliché du motif (C) et celui du meuble (NB) dont il est extrait n'ont pas été pris par le même photographe.

Altonaer Museum, Hambourg : 79 (C)
Bayerisches Nationalmuseum, Munich : 63 (NB)
Deutsches Uhrenmuseum, Furtwangen : 65 (C)
J. Franz : 7, 36
Germanisches Nationalmuseum, Nuremberg : 53 (NB)
Claus Hansmann : 63 (C)
Stefan Hirsch : 22, 23 (C)
E. Jelter : 77 (C)
Musée Alsacien, Strasbourg : 5 (C), 24 (C)
Toni Ott : 13, 31, 34, 64 (C), 70
Österreichisches Museum für Volkskunde, Vienne : 78 (C)

Ursula Pfistermeister : 6, 11 (C), 43 (C), 47 (C), 49 (C), 50 (C), 52 (C)
Berthold Schaaf : 66 (C)
Mario Schinkel : 1, 15, 35, 37, 48, 67, 71 (C)
Helga Schmidt-Glassner : 2,3, 12 (C), 14 (C), 16, 17, 18 (NB), 19 (NB), 25, 26, 27, 29, 32, 33, 39 (C), 40 (C), 41 (C), 42 (C), 44 (C), 46, 53 (C), 54, 55, 56, 57, 58, 59, 60 (C), 61 (C), 62 (C), 68, 69, 74, 75 (C), 76
Tiroler Volkkunst-Museum, Innsbruck : 4, 21, 30, 38 51, 72 (C), 73 (C)
G. & E. von Voithenberg : 8, 9, 10, 18 (C), 19 (C), 20 (C), 28 (C), 45

Édition originale parue en R.F.A. sous le titre ''Bauernmöbelmalerei: Riss u. Detail: 79 Vorlagen für Hobbymaler''/Nenna von Merhart. — München: Callwey, 1986.

Traduction française: Elisabeth Lanez

© 1986 by Verlag Georg D.W. Callwey, München
© Éditions Fleurus, 1989, Paris, pour les éditions en langue française.

ISBN: 2 215 01283 8

Dépôt légal à la date de parution.
Achevé d'imprimer en mai 1991
par ROTEDIC, S. A. MADRID.